Moïse ILOKO KITUMBAMOYO

LES 3 CHOSES qui fragilisent et détruisent LES FIANÇAILLES

(Tome 1)

Moïse ILOKO KITUMBAMOYO

LES 3 CHOSES qui fragilisent et détruisent LES FIANÇAILLES (Tome 1)

Éditions Croix du Salut

Imprint
Any brand names and product names mentioned in this book are subject to trademark, brand or patent protection and are trademarks or registered trademarks of their respective holders. The use of brand names, product names, common names, trade names, product descriptions etc. even without a particular marking in this work is in no way to be construed to mean that such names may be regarded as unrestricted in respect of trademark and brand protection legislation and could thus be used by anyone.

Cover image: www.ingimage.com

Publisher:
Éditions Croix du Salut
is a trademark of
Dodo Books Indian Ocean Ltd., member of the OmniScriptum S.R.L Publishing group
str. A.Russo 15, of. 61, Chisinau-2068, Republic of Moldova Europe
Printed at: see last page
ISBN: 978-620-3-84274-6

Évangéliste

Moïse ILOKO KITUMBAMOYO

LES 3 CHOSES
Qui fragilisent et détruisent
LES FIANÇAILLES

(Tome I)

Ce livre est recommandé aux jeunes

Réédition
Décembre 2021

ilokomoise20050@gmail.com
+243 815 780 058 ; 974 64 8774

Sauf précision de la version, les textes cités dans ce livre sont tirés de versions Louis segons traduction King James (KJV).

AVANT- PROPOS

Le sujet de l'amour, des fiançailles et du mariage a déjà occupé des générations entières, depuis toujours. Il n'est pourtant pas épuisé, et reste toujours d'actualité.

Le domaine des fiançailles est un domaine assez ambiguë et important pour quiconque veut se marier. Il renferme plusieurs zones sombres qui ont besoin d'être mises à la lumière de la parole de Dieu. Dans nos communautés, on en parle moins et les jeunes gens sont livrés à eux-mêmes, ils finissent par plusieurs erreurs en chemin et même à se tromper dans le choix de leur partenaire.

J'aimerais donc signaler à titre préliminaire que cet ouvrage portant sur *« les 3 choses qui fragilisent et détruisent les fiançailles »*, s'adresse aux jeunes et peut servir de manuel à titre d'enseignements aux jeunes.

En l'écrivant, je me suis adressé à la fois aux jeunes qui ont d'ores atteint une certaine maturité d'en tirer benefice.

Cet ouvrage vous donne des recettes et stratégies necessaires sur cette longue route en vous apportant une lumière plus ou moins grande sur les péripéties et intempéries que vous pourriez rencontrer dans votre relation amoureuse ainsi que les voies de sorties y relatives. Outre mon expérience personnelle et de quelques témoignages ; cet ouvrage s'appuie prncipalement sur principes bibliques non négligeables.

C'est ainsi qu'il est dit dans les saintes écritures: **Josué, 1:8:** *« Que ce livre de la loi ne s`éloigne point de ta bouche;* **médite-le jour et nuit**, *pour agir fidèlement selon tout ce qui y est écrit; car c`est alors que tu auras* **du succès** *dans tes entreprises, c`est* **alors que tu réussiras** ».

Proverbes, 30:5 : « *Toute parole de Dieu est éprouvée. Il est un* **bouclier pour ceux qui cherchent en lui un refuge** ».

Luc, 11:28: *« Et il répondit: Heureux plutôt ceux qui* **écoutent la parole de Dieu**, *et qui la* **gardent**!»

Psaumes, 16:7: *« Je bénis l`Éternel,* **mon conseiller**; *La nuit même mon cœur m`exhorte ».*

Proverbes, 4:2: *« Car* **je vous donne de bons conseils**: *Ne* **rejetez pas mon enseignement** ».

LES FIANÇAILLES

La qualité des fiançailles conditionne la réussite d'un mariage. Les fiançailles n'est pas l'amitié, ni le concubinage et encore ni moins encore le mariage. *C'est alors les fiançailles ?*

Selon la définition dans le dictionnaire Larousse, les fiançailles est le temps qui sépare la promesse de mariage du mariage lui-même. Le mot fiancé se dit d'une personne qui a promis le mariage à une autre, et qui en a reçu la même promesse.

Ces deux définitions sont assez claires, elles sont aussi celles approuvées par la Bible. (Marie et Joseph étaient fiancés bien avant qu'elle tomba enceinte de Jésus par la

Puissance du Saint Esprit.) **Luc 2:5**.

Les fiançailles commencent après que vous ayez choisi votre futur(e) conjoint(e) et non avant. J'insiste qu'il est primordial que ce choix soit fait avec certitude, selon la conviction de Dieu.

En d'autres termes, c'est l'engagement qu'un homme et une femme prennent de se marier. C'est une intention réciproque déclarée. Cela doit être clair : le frère a demandé à la sœur de l'épouser, et celle-ci a dit oui. Je précise que tant qu'il n y'a pas une promesse de mariage, il n'y a pas non plus les fiançailles.

- Que dire du copinage ?

Le copinage est différent des fiançailles, du fait que dans le copinage, il n'y a pas une promesse de mariage. Les copains sont justes ensembles et pour passer du bon temps. Cette pratique est loin des vérités bibliques, c'est même l'une des pratiques qui conduisent plusieurs à la fornication.

Dans des milieux universitaires par exemple, nous trouvons cette pratique entre une fille et un garçon que se partagent des relations sexuelles à titre amical, pour faire passer du temps, profité de leur vie estudiantine. Faites attention, le concubinage est une pratique dangereux, un péché contre le corps et qui éteint très facilement le Saint Esprit en nous. **(1 Corinthiens 6:18)**

Les fiançailles ne sont pas le mariage, mais la période de préparation au mariage. Elles ne doivent pas se limiter à une belle période de *« vie en rose, romantique et passionnante».*

C'est un temps sérieux où les fondements du mariage sont posés. Les fiançailles ne sont pas à prendre à la légère. Si vous vous y prenez mal, cela va se répercuter dans votre futur foyer.

- Une autre précision, quel est le moment où commence les fiançailles?

Si nous nous basons sur la définition du mot « Fiançailles », je dirai que les fiançailles débutent dès qu'il y a promesse mutuelle de mariage entre les amoureux.

C'est vrai que dans des communautés ou des traditions, il faut d'abord se présenter de manière officielle aux responsables de l'église ou aux parents mutuellement avant de se dire fiancés. Mais sachez que dès qu'on se fait des promesses de mariage, on peut se dire fiancés.

❖ Enfin, à quel âge faut-il commencer à aimer ?

Je ne sais pas ce que devrait faire un enfant chrétien de 14 ans qui tombe amoureux ? Mais je sais que normalement pour les fiançailles, il n'y pas d'âge minimum ni d'âge maximum.

Le plus important est de le faire dans la volonté de Dieu et au moment précisé par notre Dieu avec la personne qu'il faut. J'ajoute aussi qu'il faut quand même un certain niveau de maturité spirituelle et physique pour s'engager dans une relation conduisant au mariage.

Il n'y a pas non plus un commandement biblique qui oblige la femme à être moins âgée que l'homme ni l'homme à être plus âgé que la femme. Et non plus un commandement biblique qui impose l'écart d’âge entre les fiancés.

Les 3 choses qui fragilisent et détruisent

LES FIANÇAILLES

Les fiançailles sont détruites suite à nombreuses causes dont cet ouvrage ne peut arborer la liste d'une manière exhaustive. *Bien que les fiançailles ne soient pas le mariage en soi, elles ne se contractent pas non plus dans l'objectif d'être avorté.*

Je dois aussi l'avouer que, mettre fin à une relation amoureuse et particulièrement aux fiançailles apporte toujours des blessures psychologiques et qui peuvent malheureusement aussi devenir incurables. Autrement dit, avant de vous fiancer, ayez aussi le temps nécessaire de réfléchir et de parler à Dieu. Ainsi nous parlerons :

1. *La légèreté dans le choix du fiancé (e);*
2. *L'hypocrisie, mensonges et les demi-vérités ;*
3. *Les flirts et relations sexuelles ;*

1ERE CHOSE: **LA LÉGÈRETÉ DANS LE CHOIX DU FIANCÉ(E)**

Après la conversion, le choix d'un conjoint est l'une des décisions les plus importantes qu'un homme peut prendre sur cette terre.

Il y a une citation qui dit : *« si l'amour rend aveugle, le mariage rend la vue »*. Frères et sœurs, c'est un suicide être fiancé voire épousé une personne avec une légèreté. Se fiancer avec légèreté est une porte d'entrée grandement ouverte que le diable utilisera à chaque fois pour vous nuire. Il ne faut jamais oublier que tu vises ton bonheur! On ne se marie pas pour souffrir ; et prendre à la légère cette question, c'est accepté avec corps et âme de vivre un enfer sur terre.

Vous êtes obligé donc à faire le bon choix, il ne faut pas attendre la vie conjugale t'ouvrir les yeux si l'amour t'a rendu aveugle.

Dans le mariage il n'a plus de marché en arrière. Le chemin que voulez-vous empreinte est sans retour. On ne se marie pas pour divorcer. Je le répète! On ne se marie pas pour se séparer.

J'aime fréquemment le dire, *le mariage n'est pas un match d'entraînement ou amical.* C'est une compétition qui s'arrêtera à la mort de l'un des époux. *« Jusqu'à ce que la mort nous sépare »*, disent les nouveaux mariés.

La Parole de Dieu accordé une grande importance au choix et évidemment dans le choix du conjoint.

Le bon choix constitue la clé de réussite d'un

mariage. Il procure l'amour, la joie et la paix du cœur et enfin, le bon choix donne à l'amour son vrai sens.

La Bible dit quelque chose de très forte dans le livre de **Proverbes, 18:22**: *"Celui qui trouve une femme trouve le bonheur; C`est une grâce qu`il obtient de l`Éternel"*.

Au chapitre **14eme verset 1** nous trouvons un avantage et désavantage attaché choix. Il est écrit : *"La femme sage* **bâtit sa maison**, *Et la femme insensée* **la renverse de ses propres mains**".

Dans **Proverbes, 12:4** la Bible nous présente encore un avantage et désavantage qui s'attacha à notre choix: "*Une femme vertueuse* **est la couronne de son mari**, *Mais celle qui fait honte est* **comme la carie dans ses os**".

Enfin dans **Proverbes, 31:10-12,** une question très importante nous est posée, à savoir : "**Qui peut trouver une femme vertueuse?** *Elle a bien plus de valeur que les perles. Le cœur de son mari a confiance en elle, Et les produits ne lui feront pas défaut. Elle lui fait du bien, et non du mal, Tous les jours de sa vie".*

Les choix qui réussissent sont généralement orientés avec l'aide du Saint-Esprit par la prière. Tout enfant de Dieu doit soumettre à Dieu ses requetés.

Philippiens 4:6 dit: *« Ne vous angoissez de rien, mais en tout, par la prière et l'imploration en remerciements, faire connaître vos requêtes à Elohîms.»* **(Version Chouraqui)**

Beaucoup des jeunes filles et garçons prennent le choix du conjoint à la légère et sans Dieu ; mais une fois que les choses tournent mal, ils veulent que Dieu soit un refuge. Il est regrettable de voir aussi que dans beaucoup d'églises les fidèles sont remplis pour plusieurs raisons soit les fiançailles ou le mariage, le travail ou la promotion au lieu de chercher d'abord la face de Dieu.

Nous ne cesserons jamais de le dire, le choix est très capital dans une relation amoureuse. Tout commence par-là mes frères et soeurs!

- ❖ Voici donc quelques mauvaises pensées ou images sur le choix du partenaire chez les jeunes:

- Il vient d'une famille riche et il prendra

soin de moi. Cette fille va me soutenir dans le foyer;

- Je ne l'aime pas mais ma famille l'aime. Je ne l'aime pas mais je n’ai pas le choix car l'âge est déjà avancé.

- Il va m'aimait peut-être dans le mariage et je veux prier Dieu pour qu'il m'aime dans le foyer ;

- Cette fille va se suicider si je la laisse car, elle a été patiente malgré ses bêtises, d'ailleurs tout homme est faillible ;

- Il est notre tribu X ou Y. Il est de notre église ou communauté. Si je l’abandonne papa sera fâché. Si je l’abandonne je serai excommunié dans l’église. Si je l’abandonne on va me poser des questions.

- Cette fille chante bien à la chorale, elle prie bien, elle prophétise, elle s’habille bien, etc... donc elle sera une bonne femme pour moi.

- C'est l'enfant du Pasteur, c'est la fille du Pasteur... donc il sera un bon mari, une bonne épouse.

- Je ne peux plus reculer malgré ses erreurs car, il m'a déjà doté, parce-que le pasteur et l'église est au courant de notre relation, parce-que mes ami(e) vont se moquer de moi c'est impossible...

- Même si elle s'habille mal, même si elle est insoumise, impolie, têtue, etc. Elle changera dans le mariage par la grâce de Dieu et j'en suis sûr!

- Sa religion n'est pas nécessaire. On s'aime c'est tout.

Il y a tant d'exemples et la liste est très longue. Et si déjà tu te retrouves dans l'un de ces exemples, je te prie d'être prudent car, tu vas droit dans le feu.

Rappelles-toi encore de cette belle citation mais choquant: *« si l'amour rend aveugle, le mariage rend la vue »*. Donc, c'est le moment de faire le bon choix, tu n'es pas dans un film ou une série d'amour, tu es une personne réelle donc réveilles-toi!

Il existe plusieurs critères à prendre en considération lors du choix d’un partenaire, cependant nous allons voir à juste titre 4 critères bien que nous les présentons sous forme des questionnements:

- Ressens-tu de l'amour ou de l'affection à votre partenaire, est-ce qu’il (elle) t’attire?
- Est-il (elle) croyant (e) ?
- S’il est croyant, fait-il preuve de la conversion ?

I. AMOUR ET AFFECTION

L'amour par définition est un sentiment d'affection, d'attachement que l'on ressent pour quelqu'un. *C'est très dangereux de vivre une relation dont vous doutez de l'existence de l'amour.*

Dans l'amour, l'affection n'est ni forcée, ni apprise, mais découle naturellement du fait qu'ils ont conscience de l'amour vous unit. Pour dire, que c'est l'amour qui produit de l'affection dans une relation. Il ne s'agit pas d'une affection naturelle entre personnes de même famille, et dans un sens plus large, entre personnes de même appartenance.

Il faut d'une part, se rassurer si réellement vous êtes aimé. D'autre part, il faut que votre partenaire puisse vous plaire.

Ici, l'apparence extérieure entre toujours en action bien qu'elle ne détermine pas le bon choix. On aime parce qu'on a vu. Sauf si vous êtes aveugle!

Il est souvent dit, *« les gouts et les couleurs ne se disputant pas »*. Ce qui est vrai. Chacun de nous a ses critères concernant l'apparence ou l'aspect extérieur d'un homme ou d'une femme.

Par exemples, certains seront attiré par des hommes ou femmes court(e)s, élancé(e)s, gros(e)s, minces, de teint clair, noir, etc.). Il s'agit des préférences. Et nous devons le dire, ça joue un rôle dans une relation. Tu ne peux manger avec appétit de les aliments que tu aimes, soit qui sont goutables...

Il est dangereux d'épouser un homme ou une

femme qui ne vous attire pas extérieurement. Elle constitue une force d'attraction. Comme tu ne peux manger avec appétit ce que tu n'aimes pas, que tu dégoutes. Il en va de même avec l'amour.

L'amour avant d'être l'unité de l'âme et de l'esprit *(invisible)*, l'amour est de prime abord est l'unité du corps *(visible)*. Il ne faut jamais l'oublier !

Néanmoins, étant donné que l'apparence extérieure se métamorphose rapidement selon les temps et les circonstances de la vie ; il serait alors aussi dangereux pour un chrétien de focaliser beaucoup plus son attention sur cet aspect bien qu'il joue un rôle aussi important dans le choix. Pour dire que l'extérieur n'est pas suffisant.

Au-delà de tout cela, il est regrettable de voir plusieurs jeunes et surtout les jeunes filles se plonger dans un mariage alors qu'elles n'ont eue suffisamment de exactitude sur l'existence de l'amour et de l'affection dans la relation.

Les signes exterieurs peuvent dire tant et peuvent vous enracirer si reelement votre conjoint vous aime et si il a de l'affection pour vous dont voici quelques exemples:

- Comment te parles-tu, avec arrogance, joie, colère ou négligence ?
- Comment il te considère devant ses connaissances, ami(e)s ou sa famille ?
- A-t-il du temps pour toi, te conseille-t-il, te protège-t-il, te respecte, te fait des blagues quelques fois, des comédies pour te faire rire ou te remonter la morale, etc.
- Que ce qu'il te dit souvent sur vous deux

ça t'édifie?, as-tu du temps à t'écrire des sms ou messages d'amours, te faire des appels, d'expédier des lettres d'amours, des cadeaux en surprise, etc. ?

- Ou est-ce qu'il t'amène souvent en visite ou sortie, es-tu honoré ou exposé?
- Quels sont ses projets d'avenir, que ce qu'il pense pour votre relation, est-il ouvert avec vous, etc.

Les éléments ci-hauts bien qu'ils ne sont pas exhaustifs, ils sont tout de même révélateurs de l'amour ou de l'affection.

Lorsque vous êtes aimé vous le sentez du fond du cœur. Si tu es aimé tu le sauras à la manière dont votre amoureux vous regarde, vous parle même ses actes parlerons sans qu'il le sache.

Attention! Ne soyez pas trompé les caresses et les relations sexuelles dans les fiançailles ne révèlent pas l'amour ni l'affection.

C'est un péché devant Dieu et constitue comme nous le verrons dans les pages suivantes, une cause qui fragilise et qui détruit les fiançailles. Votre fiançailles peuvent existent sans se souiller. Oui, c'est possible! Voyons le deuxième critère important dans un choix.

II. CROIYANT EN JESUS-CHRIST

Nous pouvons aussi le retenir comme critère Aussi un critère? Tout à fait.

Dans les fiançailles, il faut avoir les yeux grandement ouverts ; votre relation doit être en communion avec Christ. Autrement dit, comme enfant de Dieu vous êtes obligé à contracter une relation amoureuse avec une personne compatible à ta nature, à la nature de Jésus-Christ. J'appelle ça « *la compatibilité de nature.* »

J'aimerais enlever une équivoque sur le mot croire en Jésus-Christ. *Que cela veut-dire au juste?*

D'une manière claire, c'est reconnaitre que Christ est mort sur la croix pour nos péchés et Dieu l'a ressuscité des morts et qu'en croyant en lui vous avez la vie éternelle. Donc, par la foi en sa mort à la croix, où il a offert son corps et son sang en sacrifice pour des pécheurs perdus, nous avons reçu la vie éternelle. (**Jean 3:16** ; **1 Jean 2, 2; 1 Tim. 2, 6**).

Vous devez entretenir une relation avec une personne qui a la même nature spirituelle que vous. Comme enfant de Dieu.

Si vous remarquez qu'un incroyant en Christ

commence à s'intéresse à vous, faites très attention et que cela ne soit pas plus tard ! Rappelez-vous que le mariage est une unité d'esprit, d'âme et de corps.

N'accepte pas une relation à cause seulement de l'argent, de l'apparence extérieure, il faut aussi tenir compte de la foi. S'il ou elle te plait extérieurement, cela doit être de même pour la foi. C'est très important pour un enfant de Dieu car, la question de foi c'est pour l'éternité. *Ne contracte jamais une relation qui va t'éloigner de Jésus-Christ.* Toute ta vie en dépende.

C'est pourquoi il n'est pas seulement incorrect, mais il est aussi dangereux de laisser un incroyant espérer quoi que ce soit sur une vie à deux. Souvent les débuts paraissent sans danger, mais personne ne peut te prédire où ça se terminera. Rappelles-toi que si l'amour est aveugle, le mariage rend la vue.

J'aimerais insister ici sur le sexe féminin. *Ma sœur, si tu remarques qu'un incroyant s'intéresse à toi, montre-lui clairement ton drapeau, et dis-lui sans ambages et sans honte que tu appartiens au Seigneur Jésus.*

Hélas! C'est vraiment regrettable de voir une sœur qui rencontre un homme à 10h30' et qui couche avec elle le soir à 13h18'... Ma sœur, tu n'es pas une prostituée.

Dans le livre de **Deutéronome 7:3-4, n**ous voyons l'avertissement de Dieu aux enfants d'Israël en rapport avec les peuples impies de Canaan.

« **Tu ne t'allieras point par mariage avec elles**, *tu ne donneras pas* **ta fille à leur fils**, *et tu ne prendras pas* **leur fille pour ton fils** *; car ils* **détourneraient de-moi ton fils**, *et il servirait* **d'autres dieux**, *et la colère de l'Éternel s'embraserait contre vous, et te détruirait aussitôt »*

Cet avertissement valait pour Israël, mais son application morale subsiste jusqu'à aujourd'hui pour l'église du temps de la fin. Dieu nous donne cette instruction car, le conjoint incroyant tire le croyant loin du Seigneur.

L'apôtre Paul dit aux Corinthiens des paroles sans ambiguïté, **2 Corinthiens 6:14-16:** *« Ne vous mettez pas sous un joug mal assorti avec les incrédules; car quelle participation y a-t-il* *entre la justice et l'iniquité ? ou quelle communion entre* **la lumière et les ténèbres** *? et quel accord de* **Christ avec Béliar** *? ou quelle part a* **le croyant avec l'incrédule** *? et quelle convenance y a-t-il entre* **le temple de Dieu et les idoles** *? »*

Chers jeunes, il faut sevoir que:

- L'incroyant est d'un bord, et toi de l'autre bord ; le croyant est enfant de Dieu et l'incroyant ennemi de Dieu **(Col. 1:21).**
- Les objectifs de la vie de l'incroyant sont tout autres que les tiens, et il ne peut en être autrement. Les objectifs étant opposés, on ne peut pas marcher dans la même direction. En outre ton conjoint incroyant attend de toi que tu appuies ses objectifs.
- Échanger sur des sujets spirituels avec lui n'est pas possible : il n'y comprend rien. Ce qui est important pour toi, est de la folie pour lui. Tu ne peux donc attendre

aucun soutien spirituel de sa part. Comment pourriez-vous vous entretenir sur la Parole de Dieu ? La communion dans la prière est pareillement impossible.

- Comme croyant, tu aimes ton Seigneur, et comme incroyant il aime le monde. Cela veut dire qu'il faut en permanence se mettre à faire des compromis, et des compromis de laisser faire. Représente-toi comment vous allez élever les enfants. L'un veut les élever pour le ciel, l'autre pour la terre.

- Le conjoint croyant veut les amener au Seigneur, le conjoint incroyant non seulement ne soutiendra pas cela, mais l'empêchera. Voilà seulement quelques exemples qui montrent que le mariage sous un joug mal assorti n'est qu'un tourment permanent. Le résultat le plus fréquent est que le croyant s'éloigne du Seigneur et mène une vie entièrement mondaine.

En outre, dès que Dieu eut créé la lumière, Il sépara la lumière des ténèbres **(Gen. 1:4).** Ce principe est encore valable aujourd'hui. Le croyant est lumière dans le Seigneur **(Éph. 5:8)**, tandis que l'incroyant, du point de vue spirituel, vit dans les ténèbres. Comment concilier cela ? C'est impossible.

Une fille qui suite à l'âge ou à d'autres raisons personnelles veut accepter le mariage avec un païen soi-disant que cet homme sera converti dans le mariage. J'aimerais te décourager déjà car, le mariage n'est pas une méthode d'évangélisation. Tu vas échouée.

Mes frères et sœurs, vous serez malheureux si vous vous mariez à un conjoint incroyant surtout dont les défauts sont apparents. Certes qu'il y a des mariages entre un croyant et un païen qui réussissent mais, vous ne devez pas aller en mariage par expérience. Ton foyer ne sera pas pareil aux autres. Voyons le troisième point sur le choix d'un partenaire.

III. LES PREUVES DE LA CONVERSION

Nous avions insisté que votre partenaire doit être un croyant en Christ. Beaucoup pensent que croire en Jésus est suffisant. Non! Il faut faire preuve d'être enfant de Dieu. Si vous êtes né de nouveau donc vous devrez croitre. Croitre veut dire, grandir dans la foi afin de posséder la nature de Christ.

J'ai ajouté les preuves de la conversion car, durant mon ministère évangélique, j'ai constaté que le mot *«chrétien»* est devenu un mode, une couverture pour être accepté. Beaucoup sont des chrétiens mais qui ne veulent pas vivre la vie chrétienne.

C'est la vie que tu mènes qui révèle si réellement tu es né de nouveau ; être croyant en Jésus-Christ ne suffit pas, il faut produire les fruits dignes de la repentance.

Il y a des jeunes filles et garçons qui mènent une vie chrétienne irréprochable dans l'assemblée alors qu'en réalité tel n'est pas le cas. Il y a tellement d'hypocrisie dans les assemblées. Ce n'est pas qu'à l'église que tu détermineras si un homme ou fille est sérieux, qu'il t'aime et qu'il est prêt à t'épouser. C'est très important car, beaucoup de jeunes, aveuglés par les sentiments, et ont fait cette tragique expérience qui a gâché toute leur vie.

J'insiste, un chrétien ou un converti n'est pas

celui ou celle qui va à l'église mais, c'est plutôt celui ou celle qui a véritablement reçu Jésus comme Seigneur et Sauveur et qui soit né(e) de nouveau. **(Jean 3 :3)**

S'il ne fait pas preuve de la conversion donc, il n'a pas encore donné sa vie en Christ. Un chrétien ne peut se marier avec un inconverti ! Désobéir à cet ordre divin, c'est s'attirer la désapprobation de Dieu et courir de grands risques. Dans la plus part des cas, lorsqu'un chrétien désobéi, il se refroidit dans sa foi. Trop souvent, ce sera l'inconverti qui influencera le chrétien, et tôt ou tard, ce dernier abandonnera même la fréquentation de son église.

La vie chrétienne nous poursuit partout. Il doit mettre la parole de Dieu en pratique.

Voilà pourquoi, avoir plus du temps avec son partenaire te permettra de te rendre compte de la réalité de sa vie.

2ème CHOSE :
L'HYPOCRISIE, LES MENSONGES ET LES DEMI-VERITES

L'hypocrisie est le fait d'apparaître la personne qu'on n'est pas. C'est le fait de cacher sa vraie personne...

Dans une relation amoureuse, il ne faut pas prétendre être ce que l'on n'est pas ; ou aimer ce que l'on n'aime pas. De même il faut refuser de faire ce que l'on ne fait jamais, dans le seul but d'être conforme à ce que votre fiancé(e) espère de vous.

Une relation qui renferme des vises s'expose à

sa destruction et la tromperie constitue déjà une forme d'infidélité.

Une relation amoureuse qui veut se bâtir avec Dieu doit se fonder sur la vérité. S'il y a des comportements à corriger, vous avez le temps de le faire avant le mariage. Dieu est contre l'hypocrisie et les hypocrites.

Dans **Matthieu, 23:28** il dit aux scribes et aux pharisiens, *" Vous de même, au dehors,* **vous paraissez justes** *aux hommes, mais, au dedans, vous êtes pleins* **d`hypocrisie et d`iniquité**. *"*

L'hypocrisie est très dangereuse dans une relation amoureuse car, elle est dévastatrice de l'affection, de l'amour, du respect et de la considération que chacun devait à l'autre. Ainsi comme enfant de Dieu nous sommes appelé à fonder nos relations sur la sincérité et la vérité.

Dans **Éphésiens, 4:25** l'apôtre Paul nous exhorte en ces termes: "*C`est pourquoi,* **renoncez au mensonge**, *et que chacun de vous parle selon* **la vérité à son prochain**; *car nous sommes membres les uns des autres.*

Les relations fondées sur l'hypocrisie ne dures pas. Voici donc quelques formes d'hypocrisies, des mensonges, et des demi-vérités:

I. Dire à son partenaire que vous êtes encore vierge alors que c'était faux.

Tant de jeunes filles pensent se protéger en disant à leurs partenaires qu'elles n'ont jamais connue d'homme dans leur vie alors que tel n’est pas le cas. Il est très dangereux de fonder ses fiançailles sur les mensonges.

Chères sœurs, les hommes sont différents, vous pouvez dire que ce n’est pas grave, qui te dit que lorsqu'il se rendra compte de cette mensonge t'aimera comme auparavant? Pire encore, est que ce mensonge peut mener au divorce. C'est mieux de lui dire la vérité que d'être rejeté dans le foyer. S'il t'aime et accepte de continuer avec vous c'est bon et s'il ne veut pas c'est mieux d'arrêter cette relation car, être vierge est une qualité pour une fille mais être vierge ne fait pas de vous une bonne femme.

II. Dire à son partenaire: je n'ai pas d'enfants alors que c'est faux.

Certains hommes et femmes pensent à tort que dire à son partenaire d'avoir eu un enfant serait dangereux et risquerait de lui faire rater la chance du mariage. Cela n'a pas toujours été le ça. Il faut l'avouer que le fait d'avoir un ou deux enfants soit par ignorance, dans l'ancienne union de concubinage, fiançailles ou encore mariage peut constituer un obstacle à une nouvelle relation...

Dans une relation des fiançailles, il faut dire à votre partenaire cette vérité peu importe ce que sera sa réaction. Dire à un homme ou une femme que j'ai eu dans le passé un enfant ne veut dire qu'il ou elle doit nécessairement t'abandonner ! Et s'il ou elle t'abandonne c'est mieux que d'être abandonné et être négligé dans le foyer.

III. Dire à son partenaire: je ne suis pas encore marié alors que c'était faux.

Certains hommes trompent les filles qu'ils sont célibataires alors qu'ils ont déjà contracté un ou même deux mariages dans des endroits éloignés.

Un jour, l'une de mes filles spirituelle m'a appelé pour me dire, papa je ne sais pas que cet homme était déjà marié, d'ailleurs il a plusieurs enfants et déjà trois femmes dont moi je suis là quatrième.

En fin de compte, elle avait pris ses bagages en cachette et elle a fui. C'était très triste.

Voilà pourquoi quoi, je ne suis pas pour les mariages à distance, les mariages ou l'homme est en France et la fille à Bukavu alors qu'ils ne se sont jamais vu ni connu. Je suis contre les relations amoureuses de Facebook, Whatsaap, Gmail, etc. *L'amour n'est pas virtuel, et vous n'êtes pas des robots ni des ordinateurs.*

Je répète, je suis contre les relations ou l'homme envoi des commissionnaires de lui chercher une femme X ou Y. Je suis contre les relations ou la femme n'a pas de mot à dire. Je suis contre les relations ou la fille se marie comme *un colis* sans savoir sa destination... Mes sœurs, vous avez une valeur devant Dieu, vous êtes précieuse.

IV. Dire à son partenaire: je suis lettré alors que c'était faux.

Certains hommes ont honte de leurs niveaux d'instruction scolaire en pensant que les femmes n'aiment que les hommes qui ont étudié ou les hommes qui ont des gros diplômes. Mon frère, franchement là, tu te trompes déjà car, *l'amour n'est pas les diplômes.* D'autres par contre, ils ont peurs de contracter une relation amoureuse avec une fille qui est lettré ou qui a des gros diplômes sous prétexte qu'il sera regretté ou encore que la fille sera orgueilleuse envers lui. Mon frère, là aussi c'est déjà une illusion.

J'ai un témoignage récent d'un ami qui a fini en pédagogie et par défaut de moyens, il n'a que son diplôme d'état. Un jour, il est venu me voir pour des conseils car, il contractait déjà une relation amoureuse avec une fille de son église qu'il aimerait tellement et il était prêt pour prendre cette fille en mariage. Cependant, il avait tellement peur et honte de son niveau d'étude car, la fille est licenciée en relation internationale ! Je prie le temps de parler avec mon ami et je lui ai conseillé de ne pas abandonner car, l'amour sincère n'est pas les études ni l'argent. Je lui ai donné du courage de dire à la fille les sentiments qu'il ressent pour elle et de dire la vérité à cette fille. C'est vrai qu'il hésiterait mais, il est allé et aujourd'hui au moins Août 2020 il va contracter son mariage. Que la gloire revienne à Dieu.

Donc, mon frère ne soyez pas complexé de ton statut. Le mariage n'est pas fait que pour les lettrés, pour les gens de moyens, etc. Non, tu peux aussi réussir en construisant ta relation sur la vérité et Dieu sera avec vous. David nous dit dans **Psaumes 37:5:** *" Recommande* **ton sort** *à l`Éternel, Mets en lui ta confiance, et il agira."*

3ème CHOSE :
LES FLIRTS ET LES RELATIONS SEXUELLES DANS LES FIANCAILLES

Le meilleur cadeau que vous puissiez donner à votre futur (e) partenaire est un cœur pur, un corps pur.

Le flirt est un mot anglais qui signifie amourette, amour sans conséquence. Le flirt englobe toute pratique tendant à préparer un couple aux rapports sexuels ou toute pratique conduisant un couple à l'excitation sexuelle. On peut même parler des préliminaires avant les relations sexuelles. Par exemple, les baisers, les caresses, etc...

Dans les fiancailles, le flirt est une ruse du diable dans le but de pousser les fiancés au péché. Or, La Bible nous met fermement en garde de ne pas être une occasion de chute pour les autres (Matthieu 18.7).

Dans **Cantique des Cantiques, 2:7** la Bible nous avertit: *"Je vous en conjure, filles de Jérusalem, Par les gazelles et les biches des champs,* **Ne réveillez pas, ne réveillez pas l`amour, Avant qu`elle le veuille**". Or, flirter c'est jouer avec le feu.

L'apotre Paul dans **1 Corinthiens, 6:18** nous recommende, en ces termes : " *Fuyez* **l`impudicité**. *Quelque autre péché qu`un homme commette, ce péché est hors du corps; mais celui qui se livre à l`impudicité pèche contre son propre corps".*

Tant de filles pensent que faire l'amour avec son fiancé l'empêche d'être infidèle. C'est faux. Et c'est une mauvaise image de l'amour. Qui te dit qu'il sera fidèle en faisant cela? Qui te dit qu'il va te marier en faisant l'acte sexuel ?

Mes chères sœurs, votre corps est destiné votre mari et un fiancé n'est pas un mari. Ton corps n'est pas une salle à gymnastique pour se remettre en forme dans une competition qui est le mariage.

Ton corps est sacré et il est réservé à ton époux et à lui seul. Je répète, votre corps est le temple d Saint-Esprit.

Dans 1 Thessaloniciens 4:3-7 la Bible dit: *"Ce que Dieu veut,* **c'est votre sanctification** *; c'est que vous vous absteniez de* **l'impudicité** *; c'est que chacun de vous sache posséder son corps* **dans la sainteté et l'honnêteté**, *sans vous livrer à une convoitise passionnée, comme font les païens qui ne connaissent pas Dieu...* **Car Dieu ne nous a pas appelés à**

l'impureté, mais à la sanctification."

La Bible dit que nous devons être un bon exemple afin de montrer aux autres l'amour de Christ par notre comportement (Éphésiens 5.1-2).

Plutôt que de flirter, nous devons nous aimer les uns les autres comme Dieu nous a aimés. Les fiançailles doit s'entourer sur la pureté du corps, de l'âme et de l'esprit. Les flirts c'est joué avec le feu. C'est une déduction.

Et pour se préserver des flirts et toutes formes dimpudicité, il faut centrer votre relation sur la prière, la lecture et la méditation la parole de Dieu.

Conclusion

Nous ne pouvons nullement affirmer avoir arboré en totalité cette matière portant sur *les 3 choses qui fragilisent et détruisent les fiançailles.*

Nous sommes convaincu d'avoir au-moins parcouru les grandes péripéties que des nombreux jeunes franchissent ou peuvent franchir durant la longue marche des fiancailles qui mène jusqu'au mariage.

Notre prière et que le Seigneur Jésus-Christ vous accorde par le precieux SaintEsprit, la grâce de penetrer cet ouvrage à profit. En outre, nous vous recommandons de vouloir aussi lire la seconde partie de cet ouvrage intitulé : *les 3 choses qui fragilisent et détruisent les couples.*

Que Dieu vous bénisse !

TABLE DES MATIÈRES

AVANT-PROPOS..3

LES FIANÇAILLES..6

LES 3 CHOSES QUI FRAGILISENT ET DÉTRUISENT LES FIANÇAILLES..............12

CONCLUSION..51

BIOGRAPHIE...53

BIOGRAPHIE

Né à Goma, le 30 Décembre 1992, **MOISE ILOKO KITUMBAMOYO** a fait ses études primaires à l'école catholique BOSEMBO EP.II et humanitaires au GS. TUMBA II, en section commerciale & administrative à Kinshasa en RD. Congo.

Il poursuivra les études universitaires à Université Officielle de Bukavu (U.O.B) et il obtint son diplôme de Licence en Droit.

Moïse ILOKO KITUMBAMOYO est un juriste, écrivain, poète, slameur, dessinateur, conférencier, évangéliste et encadreur des Jeunes. En outre, il fait des recherches en psychologie, philosophie, criminologie et en sexologie.

***

Printed by Books on Demand GmbH, Norderstedt / Germany